금강송을 읽다

이익주 시조집

금강송金剛松을 읽다

지은이 · 이익주
펴낸이 · 민병도
펴낸곳 · 목언예원

초판 인쇄 : 2019년 3월 25일
초판 발행 : 2019년 3월 30일

목언예원
출판등록 : 2003년 2월 28일 제8호
경북 청도군 금천면 선바위길 53 (신지2리 390-2)
전화 : 054-371-3544 (팩스겸용)
E-mail : mbdo@daum.net

ISBN 978-89-94733-74-6 03810

가격 : 10,000원

금강송을 읽다

이익주 시조집

목언예원

시인의 말

태생이 언어가 부실하여
문자를 시작해도 어둔한 건 매 한가지
세상살이 철이 드니 보이는 건
따뜻한 언어가 배반을 부르는 험난한 세상살이
곱고 진실 된 말들을 위해
아름답고 소박한 말들의 품격을 위해
난 언제부턴가
한민족의 정형시를 경작하여 삶의 품격을 수확기로
했다.

옹기장이의 그릇이 불가마에서 단련되듯
그렇게 서서히 익혀
맛깔 나는 오감의 구석구석을 누비고 다니며
시절가조의 구수함을 노래해 보고자 했다.
주제넘게도 착각에 빠져…

2019년 3월
이익주

CONTENTS

금강송金剛松을 읽다

— 이익주 시조집

01 백서白書 다시 쓰다

백서白書 다시 쓰다

변방으로 내몰린 몽이 속 알몸뚱이
내 잠시 칭얼대다 만 겹 그리움 비운다
예까지 남루한 세월 어리석은 미련 풀며

뿌리째 몸을 틀며 모로 앉은 등신불
내 인생 이모작이 들풀처럼 일어서며
뼈와 살 예까지 살아 꽃터널 드는구나

곡예사의 노래

그리움도 절벽 앞에선 끊어질듯 외줄이었고
하얗게 타다 남은 한 시절 메아리였다
날이 선
달빛 자락이
줄 위를
걷고 있었다

흥청대던 시장 난전 게으른 해금 소리
구성진 추임새도 마디 꺾어 내던졌다
누군가
그리운 하늘
시리게
부신 햇살

북소리

술렁이는 지평선 출발선상에 올라 봄별이 보낸 낭보 두근대며 펼쳐들면 바람벌 말발굽 소리 양수처럼 터진다

달빛도 떨려오는 아득한 마지노선 불길처럼 휘감겨 기둥으로 솟았다가 묵묵히 바람의 함성 울림으로 잠재운다

나이를 깁다

햇살이 반짝이는 시외버스 터미널
구석진 작은 구둣방 수염 허연 아저씬
쉼 없이 달려온 세파 헌 구두에 깁고 있다

세월이 떠나가는 가벼움의 의미와
행간을 차오르는 고뇌의 무거움까지
한 생을 어루만지며 불안하게 깁고 있다

사막 무지개

먼발치 촉촉한 승무
하늘 밟는 저 여인은

사내도 떠나버린
붉은 사막 밟고 서서

말린다
젖은 그리움
난간에 걸쳐 두고

규화목, 곱게 피다

은밀한 내통으로 작당은 시작된다
순한 달빛 내리치면 거친 풍랑 솟구치고
끓는 피 씨줄과 날줄 한데 엉켜 굳어버린

혼란의 사선들이 숨 가쁘게 몰려든다
산지사방 내리긋는 사정없는 채찍질로
오지게 아로새긴 꽃 천년을 돌아서 왔다

사방으로 몰아치는 죽방렴 멸치 떼처럼
새 소리 바람 소리 젊은 날 소 울음소리
마지막 한 데 엉겨서 곱게 피는 꽃노래여

채석강 바위 속은

명심보감 세월만 읊다
어둠 몇 평 갈아엎고
등신불로 마주 앉아 까맣게 타는 속은
천지간
봐줄 이 없어
노을 따라 흐릅니다

기다림도 몸살로 눕고
정적마저 떠납니다
고요 속 멍든 바윈 하늘 높이 두 손 들고
꾸짖듯
거친 파도에
고해성사 내립니다

장사도의 봄

외로운 섬 분교 종소리 갈매기가 낚아채고
먼지 쌓인 풍금 위로 섬 아이들 웃음소리
자욱한 꽃길 사이로 파도 타는 숨바꼭질

푸른 바람 건져 올린 녹슨 탬버린 소리
얘기 가득 산머루로 익어가는 외론 섬에
한 순간 와락 안겨와 툭 터지는 지천의 봄

고향 소낙비

송두리째 넋을 잃고 하늘마저 주저앉은
거북등 붉게 탄 들판 수직으로 내리꽂혀
가파른 어둠을 뚫고 우레 같은 함성으로

거침없이 쏘아댄다 조준에서 격발까지
허리 볼끈 조여 놓고 우람하게 몸을 푸는
저렇듯 농군의 삭신 환하게 출렁인다

여울목

기다림도 다 녹으면 영원에 닿을 수 있나
자지러지는 사랑이야 억겁을 다시 돌아
하늘에
차올라 부신
희열의 클라이막스

외로움 속 깊은 터널 무너지는 숲을 지나
소리 죽여 예까지 왔다 죽어라 앞만 보며
거슬러
다시 솟구쳐
휘달리는 춤의 향연

소리 길을 걷다

따라오는 새소리 떠나가는 물소리
고요히 가슴으로 흐르는 바람소리
대장경 꿰차고 앉은 독경 같은 세월소리

나이아가라 폭포 앞에서

아자창 고인 햇살 섬섬옥수 짜 내려온
새하얀 생의 뒤 켠 비단 곱게 펄럭인다
나이가 뭔 대수냐며 쌍무지개 걸어놓고

물기둥 타고 내리는 헐렁한 넋두리다
돌아 선 길목에서 헛헛한 웃음 주며
외치는 나이야 가라 뼈가 선 저 함성은

아니다 웅장한 몸짓 값비싼 환성이다
아직은 재도전에 겁이 없는 나이라며
묵묵히 나이아가라 천길 벼랑 내려선다

햇살 길

갈래갈래 가슴 풀어 붉어진 석류 알을
먼 여정 긴 기다림 하나씩 익게 두고
잠겨서
홍조 띤 얼굴
햇살 길도 참 곱다

펼치는 하늘만큼 무지개 수를 놓고
영원히 잠길 듯 한 구절초 꿈의 언덕
그대는
가을 빛 찬란히
남아 피는 고운 향

자화상

부러질 듯
휘청이는
이순 그 자락 끝에

가슴 벽
웅크려 앉아
무너져 내린 바람

꾸부정
휘어진 길섶
업고 걷는 십자가

02 다시 벽 앞에 서서

백자의 가락은

다가서는 여인네의
명주적삼 환한 미소
떨리는 살얼음 소리 한 장씩 쌓으며
눈밭에
매화로 피어
곱게 웃는 저 가락은

허리 흰 골을 따라
젖은 시간 닦고 있는
산들바람 함초롬히 귀 열어 듣고 있다
흐벅진
열두 줄 가락
아무도 들은 적 없는

금강송金剛松을 읽다

기다림의 깊이만큼
진한 결기 베어 물고
외로운 시간만큼
수 억 겁을 굴러 와서
해금강
풍진 바다를
둘러치고 있었다

홍조 띤 몸매에도
순백의 피, 뜨겁다
푸근한 눈빛에다
넉넉한 저 어깨 품
금강산
초입서부터
성골의 숲, 우뚝하다

다시 벽 앞에 서서

초콜릿 기부미 기부미 초콜렛
미 군용 지프 뒤 내 나이 일곱 살
배고픔 허기진 꿈을 먼지 속에 감추면서

코 크고 눈 파란 나라 서러웠던 어린 시절
다시 선 나이아가라 또 하나 후리친 장벽
한마디 말도 못 꺼내 내 가슴만 아리다

축복, 그 매향

뜨겁게 달궈졌다 꿈이 닿는 자리마다
봄 날 그 매향에 취해 시간은 멈춰 섰고
여인의 노랫가락이 하늘하늘 내리던 날

첫사랑 그 발자국 꽃잎처럼 떨리던 날
봄 입덧 헛구역질 삭여낸 가지 끝에
이른 봄 달빛에 안겨 차곡차곡 쌓인 향기

나의 노래

이제 막 가슴을 연
엇박자의 내 노래는
백 팔 번뇌 한 올씩
쉼 없이 풀어가며
미구에 닥칠 꿈들을
밤새 꿰고 있었다

가을 추억

어쩌다
가을 물빛에
마음 적신 그대는
흔들리는 기억 사이로 맥을 짚고 다니면서
색 고운
달빛 만 갈래
엮어가는 밤입니다

메아리
붉게 번져
산허리를 두릅니다
쌓이고 넘치는 꿈 뜨락에 내려서서
조용히
추억 한 채 이고
새벽 산보 나섭니다

석양의 뒷모습

키나발루 민낯이 불덩이로 떠오른다
아직 용이 못된 이무기로 날아올라
남지나
바다 한 복판
드센 불길로 뜨겁다

삶에 젖은 내 그림자 살며시 건져내어
바지랑대 세워놓고 바람에 말려보면
긴 세월
노을에 싸여
낯이 설다 헛된 욕심

서낭당 일고一考

비바람 비집고 나온 소망 한 채 달이 뜨고
갈증의 끝을 잡은 소리 없는 메아리는
얼룩진
인연 하나를
오래도록 풀고 있다

집 떠난 산바람은 고목 아래 맴돌고
축수하는 손금 따라 만 갈래 밤은 울어
고무신
하얗게 닳아
산등성을 오른다

순천만 갈대밭은

갈바람 놀아 앉아 두런두런 생각이 깊고
등이 휜 세월만큼 순천만은 뒤척인다
색소폰 흐르는 추억 갈대밭이 흥건하다

허옇게 풀려서 사방으로 흔들리는
새벽길 안개처럼 결 고운 갈대밭이
부시시 갈옷 걸치고 남도 찾아 짐을 싼다

천리향 애가哀歌

애절한 가락이다 앞가슴에 맥을 짚는
능선마다 분봉 난 향내 늦가을 구비 돌아
아슴한 무지개다리
소식 하나
건너
온다

만고 인연 쇠북 안고 두드리는 여인네는
말발굽 소리 없이 천년을 달려와서
끝없이 젖은 그리움
말린다
늘
어
놓
고

일몰, 그 파노라마

성근
시침질 새로
학이 뜨는 스란치마
은막 뒤 황홀한 무대 일렁이는 엘레지
불가마
끓는 외로움
곱게 저어 띄운 게다

영원 속
고요를 깨워
환한 봄빛 걸어두고
질펀한 한 판 굿에 한 동안 풍진 세상
호수 속 말갛게 뿌려
채로 걸러 펼친 게다

주상절리 동해에 눕다

철철이 읊어대는 기다림의 숨결이다
건져 올린 뼈들의 이유 있는 도열이다
잔잔한 동해바다의 무거운 숨비소리

온 몸으로 울어 봐도 돌아누운 저 바다는
천리 먼 길 단을 쌓아 이, 저승을 이어놓고
요절난 만선의 축원 도막으로 누워있다

봄의 소리

색 옅은 화장기로
봄맞이 나선 토담길엔

갯버들
움을 트고
살구나무
꽃눈 뜨는

봄 폭죽
한 시루 가득
둘러앉아 익는 소리

봄의 향연

속살 돋은 초봄 언덕
절망마저 환해 오는
아련한 발자국 소리
그림자 따라오면
기다림
익어도 좋을
고 만큼 자란 봄비

조용한 환희 속에
어둠이 밀려나고
한 옥타브 건너뛰며
추억 하나 걸어두면
개울물
가락 얹어서
꽃잎처럼 흘려 본다

어느 삼복

헐떡이는 노실고개 판자촌 언덕배기
고물 주워 하루 사는 고물된 그 노인은
니나노 삼복염천에 꼬인 오장 두들겨 편다

03 고향, 그리움

고향, 그리움
-회나무, 노을에 서다
고향, 그리움 -할미꽃
고향, 그리움 -어머니의 동백
고향, 그리움 -향목香木의 노래
고향, 그리움 -모과
고향, 그리움 -가을운동회
고향, 그리움 -춘몽 1
고향, 그리움 -젓가락 청춘
고향, 그리움 -아버지의 노을
고향, 그리움
-석전리 춘추石田里 春秋
고향, 그리움 -회귀의 의미
고향, 그리움 -낙강의 팔월

고향, 그리움
–회나무, 노을에 서다

대쪽 같은 삶이었다 툭 툭 터진 구비마다
곰삭은 생각은 유통기한 넘겨놓고
한 시대 풍미한 만월
가지 끝에 내걸었다

내 유년을 흔들어 놓은 무거운 하늘 한 장
정안수 손 모은 기도 바람결에 띄워놓고
창연한 고향 내음도
한데 묶어 걸었다

허리 잘린 시간에도 뿌리 속엔 움이 돋고
흥겨운 삼백년 눈부신 저 봄볕더미는
뒤풀이 흥겨운 가락
안고 선 노을이었다

고향, 그리움
–할미꽃

긴 세월 이울 때마다 꽃잎 한 장 펼쳐들다
하얗게 샌 그리움 개울마다 일렁이고
조용히 빛 부신 울음 내려앉은 고향 어귀

어스름 녘 가쁜 꿈을 골 깊이 숨겨두고
허한 가슴 굵은 명줄 매듭 하나 풀고선
때보다 일찍 온 봄을 부여잡고 있었다

쉼 없는 담금질로 불그레 떠 오는 달
등 굽은 낙동강 하류 허기져 누워있고
아직도 끈질긴 인연 놓지 못한 혼불 하나

고향, 그리움
—어머니의 동백

밉다 또 그립다 진종일 해묵은 사랑
천년 그 정점을 바라 사오십년 묵혔다가
태우며 능선을 돌아 구비마다 쏟는 각혈

산새 소리 잎 잎마다 아프게 내려앉고
먼 하늘 내 어머니 그리움 붉은 울음
외롭게 뜬구름 위로 그렁그렁 쏟아낸다

고향, 그리움
–향목香木의 노래

붉은 속살 아린 상처 질곡의 사연들을
겁劫을 넘어 천년 사랑 옹이로 채워두고
한 소절 세월의 향기
가슴 속에 묻은 노래

머무르는 길섶마다 겹겹 쌓인 묵은 꿈을
꿈틀대는 몸짓으로 결 곱게 걸러내며
진하게 우려낸 음절
뽑아낸다 한 마디씩

고향, 그리움
–모과

설익은 초승달 앙상한 갈바람에
따라 나선 시간마저 얼렸다 녹였다가
담금질 세월 그 너머 촘촘히 박힌 침묵

얼마를 다독이면 꿈덩이 안아 볼까
얼마나 더 버티어 하늘향 피워 볼까
몸으로 뜨겁게 울다 내려 온 저 보름달

고향, 그리움
–가을운동회

새털구름 옥빛 무늬 따순 햇살 곱게 안고
높푸른 하늘에다
만국기 내걸었다
옹골찬
시월상달에
쏟아지는 우레 소리

무르익은 가을볕에 밤 땅콩 툭툭 터져
할매 어매 보따리
운동장에 쏟아놓고
달린다
아득한 세월
목말 타고 팔 흔들며

고향, 그리움
—춘몽

춘삼월
바람난 햇살
고향 뒷산 휘돌아선
바지랑대 허리에 걸려 수직으로 꽂히더니
일순간
달궈진 신열
한 보름
실신상태

고향, 그리움
–젓가락 청춘

속 붉은 막걸리에 한 생을 풀어놓고
선술집 장단에 맞춰 쑥국이도 울어대면
막사발
양은 주전자
지지리도
서러운 맛

만취한 주마등은 너울 따라 일렁이고
울음 속 깊이만큼 아픈 마디 절룩인다
마음껏
두들겨 보자
구겨진 청춘
타는 절망

고향, 그리움
–아버지의 노을

매의 눈도 일흔 줄엔
무쇠처럼 무뎌졌나
저 노을 성난 연유를
여직 읽지 못하고
사랑채 가부좌로 앉은
내 아버지 붉은 동공

고향, 그리움

—석전리石田里 춘추春秋

봄 물결 출렁이는 현란한 동네 어귀
아지랑이 엷은 가락 제 신명에 감겨오고
시루 속
새싹 가득히
기지개 펴는 소리

잔기침 새벽을 깨워 뒷산마루 산뜻하고
실개천 물빛 따라 산그늘이 내달린다
빈 가지
조각달 하나
걸어놓고 떠난 새벽

고향, 그리움

–회귀의 의미

마음은 꿈이 한 채
큰 시렁에 얹혀있고
등불 환한 고향 언덕
소식 하나 내 걸렸다
언젠간
다시 돌아 올
오십천 연어 떼처럼

고향, 그리움
–낙강의 팔월

연장된 긴장 속에 들끓는 내홍으로
종잡을 겨를도 없는 칠흑 그 분탕 속
갑골문 살과 뼈가 엉켜
유유히 흘러가는

맨살을 타고내리는 장엄한 서곡이다
세월에 반죽된 상처뿐인 절규들이
아직도 두 눈 뜬 채로
붉고 깊게 흐르는

04 불청객

방물장수 연가

이기 뭐꼬 희한하네
구경하기 어려분기라

열다섯 붉은 볼에 통통 튀는 동동구리무
엄마 머린 동백기름 파리가 낙상하고
민경 들고 고운 얼굴 분가루에 연지 곤지
저간에 숨은 소식 한 보따리 펼쳐지는

오늘도 발 없는 소문
문지방 넘기 바쁜

억새, 소나타

하늘 앉은 가을빛은 소식마다 꺾인 설움
사랑의 깊이만큼 눈물로 흔들리고

급기야
은빛 소나타
산등성을 휘몰아온다

백발 풀어 노래해도 무심한 구름 한 장
자아 올린 자장가를 잘 익은 바람에 풀면

천천히
훑어 내리다
마디마디 멈춘 낮달

플라밍고의 비애

남사당패 흘러온 길
부초처럼 떠다니고

그라나다 어둔 바람은 험준한 언덕위로 내몰려 한과 설움이 범벅되어 펄떡인다
'딱딱 따각따각 따각따각 딱딱'
안기듯 다가서는 안달루시아의 향수는 지난 세월 곱게 구운 보름달 띄워 놓고 내리치는 채찍소리로 격정의 집시를 잉태한다
서럽게 깔린 노을빛에 담금질 더해 빚어낸 이글거리는 눈동자
저 눈동자여!

산등성
풀벌레울음
낭자하게 깔린
어둠

강강술래

하늘도 꿈을 꾸면 정초부터 달이 뜨나 새악씨 곱게 딛는 은하수 가는 허리 색실로 자수를 놓아 가슴 열고 푸는 가락

보름도 대보름을 중천에다 걸어 두면 돌아가는 저 물레에 휘영청 감기는 달빛 남끝동 흘리는 자락 번져나는 민무늬 결

아이러니

세상에 태어나 울음 쏟고 있을 때
둘러앉은 가족들이
좋아라고 웃었네
참 몰라 희비의 상황
묘한 의미 그 깊이를

남은 가족 그렇게도 슬퍼하며 우는 밤을
무거운 짐 훌훌 털고
웃으며 떠나는 길
참 몰라 죽음과 삶의
진정한 뒷모습은

어떤 하오

오로지 설렘을 위한 하염없는 서곡이다
낮달에 익은 오후가 한 소절 흘러내려
천천히 옮겨 붙는다 길 잃은 시간 속으로

멀미를 끝낸 햇살 한길에 부려놓고
너덜대는 하오의 자락 하염없이 깁고 있는
다리 밑 늙은 수선공 손놀림이 무겁다

생각에 묻혀

도처에 번져나는 먹먹해진 침묵들이
하얗게 떨리면서 젖어가는 몸짓으로
허공에
머리 맞대고
울부짖는 아우성

달빛에 베인 상처 바람이 감싸 안고
맺혔던 작은 고 하나 조심스레 풀려나가
이제는
노을빛 품고
차오르는 철새들

불청객

사립문 반쯤 열고 일찌감치 나선 꿈이

느지막 어둠 사이로 슬그머니 몰려와선

적막이 강산을 적셔도 돌아갈 줄 모른다

성산 일출

성산봉 거꾸로 선 제주 닮은 바다에는
만선에 얹혀 뜨는 해조음 둥근 노래
환하게
먼동 튼 둘레
만삭이 된 가을 동화

밤을 낮 삼아 뜨거운 저 풀무질에
놋쇠를 들이붓고 곱게 구운 담금질
온 누리
잘게 두들겨
둥그렇게 띄운 아침

맨 처음

장엄한
창세의 격랑
며칠간을
허우대다

이브의 아리따운 등장 죄의 사과로 유혹하면

걸출한
아담의 생이 어김없이 시작되다

가을 읽기

간간이 출렁이는 풍악소리 소절마다
유효 기간 지난 잠언 안개처럼 벗겨지면
질탕한 곡조 끝 벼랑 불을 당겨 오는 몸짓

뭉실뭉실 신명 일면 번져나는 한마당
타는 햇살에 난타당해 골골 박힌 붉은 반점
끝내는 초읽기에 들어 팔부 능선 무너진다

얼마나 더 엎드리면 산이 내 손 잡아줄까
비울수록 넘쳐나는 향연 속 저 황홀은
가난도 마음 내리면 저 산처럼 풍만할까

그 해 염천

애당초 신의 가호는 사치스런 과욕인가
저토록 아린 함성 절묘하게 파고들어
심연의 분화구인양 감내 못할 도반이다

불덩이 매단 시간 툭 부러진 대서 즈음
급기야 백주 대낮 터져버린 너의 질주
멀쩡한 생니 뽑히듯 울고 있다 빈 하늘만

눈의 세상

아련한 추억 너울 곱게 쓰고 돌아온 날
가냘픈 그 몸짓은 천 년의 고를 풀고
온 누리
어루만지며
하염없이 비워내다

닫혀있는 마음의 벽 하나하나 허물다 보면
여백마다 쌓여있는 욕심마저 다 내리고
눈송이
닿는 곳마다
이제 다시 제자리로

새벽 여명黎明

세한歲寒의 은빛 들녘 스며드는 빛살 무늬
해와 달 부처로 앉아 가부좌로 참선에 들면
학처럼 고고한 기개氣槪 펼쳐드는 여명이여

천년을 삭혀도 좋을 희디 흰 모시 적삼
갈피 속 여백마다 피어나는 삶의 향기
영원히 창대하리라 한 세월을 다시 돌아

봄맞이

성긴 결도 곱게 삭아 꿈 한 채 내려놓고
새소리 기지개 켜며 얼굴 붉혀 환한 둘레
해마다 삼월을 열고 엮어 가는 꿈 타래

소식에 허기지면 풀벌레도 목이 쉬고
낮은 언덕 에돌면서 그리움 찾아가다
스르르 무늬로 내려 등에 와 실린 봄빛

느긋이 여장을 풀며 햇살은 배시시 웃고
서둘러 닿은 입술에 아지랑이 눈을 뜨다
언저리 살포시 앉아 펼쳐놓는 저 산야

05 안식일

불갑산 상사화는

세레나데 깔아놓은 말 없는 산물소리
오가는 가슴 적셔 놓고 천천히 산에 올라
넋 놓은 골짜기마다 어깨춤을 부려놓다

세월은 문을 닫고 앙가슴은 열어 둔다
가시에 찔린 바람 하늘마저 서러운데
누구냐 그리움 깔고 울먹이는 그대는

무거운가 이 고요는 오마던 사람 기약 없고
첫사랑은 다리를 절며 골짜기를 누빈다
꽃 대궁 붉게 울고 선 불갑산 저 가을은

알랑가 몰라

새벽이 연 창문에
바람이 스치면서
여리고 샛노란 싹
연민으로 피어올라
풋풋한 생의 기둥을
또 하나 세워든다

지평선 저만치서
그리움이 손짓하고
행복은 어느샌가
방울방울 번져 든다
바람은 알랑가 몰라
황홀한 저 노랫가락

열대야

낫달처럼 달아올라
눈이 먼 저 가로등
희미한 불면의 계단
힘겹게 오르더니
천 길 속
하늘 닿는 곳
온 몸으로 투신한다

봄앓이

군불 지핀 깊은 골에 아롱아롱 봄 안개

비슬산 등 굽은 자락 폭죽처럼 터지는 꽃

온 세상 연분홍 치마 곱게 인다 바람끼

갈증

떨이로 넘겨버린 값비싼 자존심을

놓쳐버린 시간 속 투망으로 건지면

휘영청
목이 타는 달
젖어 내리는 밤안개

독백

떨리는 풀잎 사이 마른 울음 낮게 깔린
황홀한 바람기 저 찬란한 산노을
비로소
작은 거울에
내가
나를
보고 있는

더러는 한 장 소지燒紙 꿈결처럼 날려놓고
미운 사랑 굵은 명줄 혼자서 풀고 앉아
때보다
일찍 온 봄을
촘촘히
깁고 있는

망부석

강물소리 목이 쉬면
초승달 허리를 앓고

까맣게 타오른 업보
부둥켜안고 가는 그 날

어느덧
무너져 내려
정수리에 박힌 상흔

인력시장

하루 일당 반 토막 난 허리 잘린 한숨소리
터지듯 밀려드는 처자식 환한 웃음
노숙자 새벽 칼바람 갈기 찢어놓는다

파도

끝없는 시작이다
저물녘 벌인 굿판
어두운 은막 뒤론
뒤엉켜 조각 난 꿈
우람한
세월 밖으로
한꺼번에
쏟아낸다

안식일

연둣빛 추억이 깔린
청라언덕 구십 계단
마음이 쌓인 길을
비워가며 걷다 보면
교향악 내리는 성당
묵상에 든 십자가

마음이 무거운 찰나
봄 날 새로 일어선다
목이 타는 십자가
백년 다시 이어놓고
첨탑 위 고요한 복음
금빛으로 내린다

풍혈風穴 그 아래 눕다

나락으로 떨어지는
여린 목숨 싸안고

가쁜 숨 붙들고 섰다
세월의 무게 버텨내며

참 목숨 환하게 닿아
울려 퍼진 축복이다

추억의 에피소드

채소장사 배추, 무 싣고 과속으로 달리다
뒤따라온 교통경찰 단속에 걸렸겠다
요즘은
장사가 안 돼
오천 원만 받으소

철석같이 약속하고 만 원짜리 주었더니
모른 척 그냥 가네 뿔이 난 채소 장수
확성기
뒤따라가며
잔돈 주소, 잔돈 주소!

은빛 황악

달근한 봄의 유혹 두 손 저어 사래 치더니
애저녁 시린 달빛 가지마다 걸리더니
드디어
은빛 군단은
소리 없는 춤이 된다

칼바람 녹여 빚은 시가 가지마다 등을 달고
모시 적삼 입고 앉은 경칩 그 쯤 저 황악은
은갈치
떼로 몰려 와
나목 위를 밝힌다

일몰

풀어놓은 세월의 끈 냅다 달린 질곡의 늪
텅 빈 시간 줍다 온
등불 하나 걸어놓고

이제사 곱게도 내려
황홀하게 번지는 꿈

삭신 아픈 하루쯤이 서녘에서 서성이면
갈잎 속에 묻어둔 사연
절규인 듯 되살아나

가슴 속 은은한 고동
반짝이며 안길 노래

헌신짝 연가

책갈피에 끼워 둔 남루해진 약속들이
그리움과 기다림 사이 비집듯 파고들어
사라진 숱한 미련 따위 바람에게 묻는다

한 장씩 넘길 때마다 뿔뿔이 흩어지는
긴 묵언 바람에 실려 가는 길 정처 없다
아무도 듣지도 않는 철 지난 유행어처럼

널브러져 흔들리는 아쉬움의 빗살무늬
죄목도 알 수 없는 어둠만 몰려와선
슬며시 분단장하곤 거침없이 퇴장이다

06 작품해설

유심唯心으로 다가선 그리움,
혹은 시간의 행간읽기
/민병도

유심唯心으로 다가선 그리움, 혹은 시간의 행간읽기

민 병 도 | 시인, 《시조21》 발행인

1

1989년 제작된 '죽은 시인의 사회'라는 영화가 적잖은 물음을 던지며 사회적인 반향을 일으킨 적이 있었다. 1959년의 보수적인 남자학교를 배경으로 제작된 이 영화에는 자율적이고 창의적인 성향으로 시를 가르치는 주인공 국어 선생님이 등장하는데 결과적으로는 기득권층의 틀에 갇힌 규범을 극복하지 못하고 배제된다는 내용으로 결말을 맺는다. 그 내용은 아주 간단하고 명료하다. 학생들의 잠재능력을 일깨워주고 젊은이다운 현실 직시의 시각을 이끌어낸 주인공의 행동이 보수적 학교사회의 불안 요소로 비쳐졌기 때문이다. 많은 지지자와 추종자들이 있다는 것이 오히려 불편하고 불안하여 응징의 대상으로 작용한 것이다. 거대한 기득권층 규범 안으로 묶어두려는 사회구조적 모순 앞에 한 시인의 자유롭고 진취적인 발상과 행동은 그저 불안을 야기하는 일탈 정도로 자리매김할 뿐이었다.

보수적 사회규범에서 추방의 대상으로 점지된 이 '시

인'의 의미는 과연 무엇이며 이러한 의미의 시인의 죽은 사회, 즉 '죽은 시인의 사회'가 왜 의미심장한 반향을 일으키며 전 세계의 영화계를 소용돌이치게 하였을까. 그 위태롭고 사회적 불안요소인 시를 사람들은 왜 버리지 못하는 것일까. 정녕 시가 사회를 불안하게 만들고 건전한 정신을 황폐화시키는 것일까. 하지만 30여 년이 지난 지금 그때의 보수적 시각들이 우려하던 결과는 오지 않았고 시와 시인은 오히려 천문학적으로 증가하고 있으니 아이러니가 아닐 수 없다.

이쯤에서 우리는 다시금 왜 시를 쓰는가라는 물음에 다가서지 않을 수 없다. 물론 획일적인 대답으로 물음을 해소할 수는 없겠지만 자신을 세상으로 내보내고 세상으로부터 얻어낸 자리매김에서 존재의 위의를 발견하고 삶의 긍정적인 에너지와 기쁨을 확보하는 일임에는 틀림이 없다. 한마디로 밥이나 빵과 같이 먹고사는 문제가 아니라 정신적 허기를 충족시켜줄 값어치를 비축하는 일에 다름 아니다. 자신이 찾아낸 정신의 길과 체험 현장에서 만난 시어, 자신이 발견한 진단과 처방이 소통과 치유의 기쁨을 가져다주기 때문이다.

분명한 것은 그런 가운데도 독자와의 공감이라는 묵약이 존재하지만 자신만의 절대자유의 기저를 버려서는 안 된다는 점이다. 시인은 자신의 절대적인 사상과 가치질서를 지켜낼 때만이 존재의 의의를 갖게 되기 때문이다. 그렇다고 자신만의 가치체계가 확립되지 않은 억지나 주관적인 판단마저 자유라고 말할 수는 없다. 자유로운 상상력과 진리에 대한 판단을 궁구하되 시간적, 공간적 가치 질서를 확보해야하는 "시 쓰기"에는 과연 얼마나 많은 자아실현이 내재되어 있는 것일까.

이익주 시인이 또 한 권의 시조집 『금강송을 읽다』를 묶었다. 1988년 매일신문 신춘문예로 등단한 이래 2010년 첫 시조집 『달빛 환상』을 상재하고 이번이 두 번째 작품집이다. 30년 문단활동에서 두 권의 시조집이라면 과작寡作이라고밖에 말할 수 없다. 그러나 그것은 순전히 그의 시 창작 보법일 따름이다. 작품이라는 미명으로 나서지 않고 한사코 자신의 사고를 씨 뿌리고 가꾸어서 열매를 거두는, 전형적인 유기농법을 고집하는 농사꾼의 농법을 고수하기 때문이다. 그의 시조에는 비료도 주지 않고 농약의 흔적도 보이지 않는다. 다수확을 겨냥하지 않았기에 더러는 키가 작고 야위었으며 벌레 구멍이 숭숭 뚫려 있을 수도 있다. 그럼에도 불구하고 자의식을 바탕으로 한 다양한 궁리의 흔적이 역력하다.

다만 생애의 대부분을 일선 교육의 현장에서 보낸 그의 생각은 '죽은 시인의 사회'에서 퇴출당한 주인공의 가치나 지향점과 어떻게 다른지가 궁금하다.

2

먼저 그가 '시인의 말'에서 피력한 "*태생이 언어가 부실하여 문자를 시작해도 어둔한 건 매 한가지. 허나 세상살이 철이 드니 보이는 건 능란한 화술에 숨겨진 온갖 시기와 음모, 질투와 교활의 사람살이에 만 정 떨어져 따듯한 언어가 배반을 부르는 이 무서운 세상 속에서 나는 언젠가부터 한민족의 정형시로 승부를 걸어 보기로 했다*"는 각오가 잘 드러나 있는 작품부터 만나보자.

변방으로 내몰린 몽이 속 알몸뚱이
내 잠시 칭얼대다 만 겹 그리움 비운다
예까지 남루한 세월 어리석은 미련 풀며

뿌리째 몸을 틀며 모로 앉은 등신불
내 인생 이모작이 들풀처럼 일어서며
뼈와 살 예까지 살아 꽃터널 드는구나

—「백서白書 다시 쓰다」 전문

우선 이 작품은 제목부터가 시선을 끈다. '백서白書'는 영국 정부가 만들어 의회에 제출하는 보고서의 표지를 흰색으로 한 데서 비롯되었지만 일반적으로는 특정 주제에 대해서 연구하고 조사한 결과를 정리한 보고서라는 의미를 지니고 있다. 그렇다면 이익주는 지금 무엇을 연구 조사하여 누구에게 보고하는 것일까? 게다가 '다시 쓰다'라고 하였으니 언젠가 자신이 쓴 백서를 수정한다고 하였으니 상당히 의미심장한 보고임에 틀림이 없다.

정황상 이 작품의 동기는 앞서 언급한 시인의 말처럼 "세상살이에 만정이 떨어져" "한민족의 정형시로 승부를 걸어 보"고자 한 마음의 각오에서 비롯되고 있다. 이러한 추정은 첫수에서 잘 읽을 수 있다. "변방으로 내몰린 몽이蒙耳 속 알몸뚱이"는 지금껏 사회의 변방, 시조의 변방에서 귀머거리처럼 살아온 자신을 일컫고 있다. 버리지도 외면하지도 못하고 "내 잠시 칭얼대다" 말았지만 "그리움"마저 오롯이 비우지는 못한 채 "예까지 남루한 세월 어리석"게 살아온 자세가 중장과 종장을 구성하고 있다. 여기까지가 자신의 시작 활동에 대한 자가진단이 되겠다.

그렇다면 어떤 처방을 시도하여 개선을 꾀하는지가 둘째 수에 넘겨진 과제가 되겠다. 왜냐하면 "백서"라면 지금까지 어리석게 살아온 '남루한 세월'이 왜 잘못되었는지, 혹은 그 같은 '만 겹 그리움'을 벗어나기 위한 치밀하고 실천 가능한 조치들이 어떤 것인지를 담아야 하기 때문이다. 그런데 이 작품에서는 그 과정을 생략하였다. "뿌리째 몸을 틀며 모로 앉은" 자세까지는 자신을 일신할 수 있는 조치임에 틀림이 없으나 거기에 "등신불"이라는 엄청난 위용을 안치시켰으니 말이다. 왜냐하면 '등신불'은 일반적으로 '사람의 키만 한 정도로 만든 불상'이라는 사전적인 용어로 받아들이지 않는다. 불교에서 절대적인 깨달음에 이르러 삶과 죽음의 경지를 벗어난 구도승을 높여서 일컫는 말이기 때문이다.

따라서 둘째 수는 백서의 성격에다 자신이 도달할 목적지의 청사진이 밝혀진 계획서의 각오를 함의하고 있다. 시조가 갖는 기승전결의 전개 양상이나 완결미에 초점을 맞췄다기보다 그야말로 자신의 의지를 다짐하는 출사표의 성격으로 읽힌다.

이러한 각오는 우선 매사에 자신을 되돌아보게 하는 진중한 자세를 갖게 해준다. 어떤 사물이나 사건 앞에서도 독립된 견지자의 입장이 아니라 물아일체된 자아의 경우와 치환하여 깊이 읽고 깊이 사색하기 마련인데 이런 시각의 작품들을 한번 살펴보자.

그리움도 질벽 앞에선 끊어질듯 외줄이었고
하얗게 타다 남은 한 시절 메아리였다
날이 선
달빛 자락이
줄 위를

걷고 있었다

흥청대던 시장 난전 게으른 해금 소리
구성진 추임새도 마디 꺾어 내던졌다
누군가
그리운 하늘
시리게
부신 햇살

—「곡예사의 노래」 전문

모든 예술의 창작배경에는 필연적으로 '자기 영역의 확장'이라는 욕구가 깔려 있기 마련이다. 따라서 자신의 입장에서 이해하고 분노하고 만족해하며 평가한다. 아니면 어떤 물상 앞에서 자신이 잊고 있었던 생각을 떠올리거나 앞으로 나아갈 길라잡이로 삼기도 한다. 소위 감정이입을 통한 대리경영을 하게 되는 것이다.

이 작품에 등장하는 곡예사의 경우도 시적 화자와 무관한 시각 매체가 아니라 감성적 교감을 통한 자신이다. 줄타기라는 점만 다를 뿐이지 자신에게도 "그리움도 절벽 앞에선 끊어질 듯 외줄이었고/ 하얗게 타다 남은 한 시절 메아리였"음은 결코 다르지 않았기 때문이다. 그런데 그 줄 위를 걷고 있는 실체는 곡예사도 자신도 아닌 "날이 선/ 달빛 자락"이다. 커다란 비약을 통해 고른 희망 위안이 "줄 위를 걷고 있"는 "달빛 자락"이라니 어쩌면 사소한 일상의 시시비비를 건넌 달관의 자세가 아닐까 싶다. 왜냐하면 둘째 수에서 "누군가/ 그리운 하늘/ 시리게/ 부신 햇살"이라는 현장이 명징하게 그려져 있기 때문이다.

여기 또 하나의 추체험적 자아의 모습이 있다.

햇살이 반짝이는 시외버스 터미널
구석진 작은 구둣방 수염 허연 아저씬
쉼 없이 달려온 세파 헌 구두에 깁고 있다

세월이 떠나가는 가벼움의 의미와
행간을 차오르는 고뇌의 무거움까지
한 생을 어루만지며 불안하게 깁고 있다
–「나이를 깁다」 전문

이 작품에서는 신기료장수에게서 자신과의 일체감을 발견하고 교감의 시간을 함께하고 있다. 첫수에서는 흔하게 만날 수 있는 장면이 클로즈업된다. "햇살이 반짝이는 시외버스 터미널/ 구석진 작은 구둣방 수염 허연 아저씬/ 쉼 없이 달려온 세파"에 부대끼면서 "구두를 깁고 있"는 장면이 가감 없이 노정되어 있다. 첫

수 하나만 놓고 보면 뭔가를 말하려는 다음 수의 배경이며 정황이다. 이 작품처럼 이익주가 즐겨 구사하는 두 수 한 편의 구성에서는 오롯이 다음 수에서 메시지가 자리 잡기 때문이다.

그런데 둘째 수에서도 독자가 기대하는 메시지는 쉬이 드러나지 않는다. “세월이 떠나가는 가벼움의 의미와/ 행간을 차오르는 고뇌의 무거움까지/ 한 생을 어루만지며 불안하게 깁고 있다”며 장면 중계자의 입장에서 매듭을 짓고 있는 것이다. 더구나 3장이라는 시조의 기본 구성요소가 무색하게 한 문장의 줄글이다. 이 같은 결구처리를 보면 시인의 성품과 성향을 짐작하게 된다. 쉽게 판단하지 않고 쉽게 답을 결정하지 않으며 쉽게 행동으로 옮기지 않는 그의 천성 때문이리라. 그러기에 선택한 주인공의 삶을 관찰하고 추슬러 반추상 회화처럼 독자들에게 제시하는 것으로 자신의 역할을 제한한다. 우리는 다만 여기서 작의와 넘겨진 장면들을 화두처럼 받아 안을 따름이다.

이처럼 이익주의 새로운 인식을 자극한 공감대의 확장은 분명 자아를 확장하려는 노력에서 비롯되고 있다. 시인이 대면한 물상을 통해 자신과의 공통분모를 찾고 교감의 근원을 밝혀내는 일은 결국 삶의 질곡에서 발견한 거울과 같은 역할을 하기 마련이다. 예시한 작품 이외에도 그는 많은 간접체험을 통한 자아의 확장을 꾀하고 있다. 그렇다면 그렇게 해서 만난 자신은 과연 어떤 모습이었을까.

①사립문 반쯤 열고 일찌감치 나선 꿈이

느지막 어둠 사이로 슬그머니 몰려와선

적막이 강산을 적셔도 돌아갈 줄 모른다

②부러질 듯
휘청이는
이순 그 자락 끝에

가슴 벽
웅크려 앉아
무너져 내린 바람

끼부정
휘어진 길섶
업고 걷는 십자가

작품 ①은 「불청객」 전문이고 작품 ②는 「자화상」 전문이다. 「불청객」은 속절없이 흘러가 버린 시간이다.

"사립문 반쯤 열고 일찌감치 나선 꿈"을 이룩하려고 진력을 다하였지만 정작 "느지막 어둠 사이로 슬그머니 몰려와서" 자꾸만 좌절을 안겨주고 아픔을 건네줄 뿐 "적막이 강산을 적셔도 돌아갈 줄 모"르는 세월이라는 불청객을 어떻게 윽박지를 수 있으랴. 자신에게 다가온 자연의 섭리를 투정하듯 한 번쯤 딴죽을 걸어보지만 이내 엄정한 현실 앞에 공손히 물러난다.

이러한 어찌할 수 없는 시간의 마법에 걸린 자신을 이익주는 어떻게 조우하였을까. 한 번도 그렇게 빨리 "부러질 듯/ 휘청이는/ 이순 그 자락 끝에" 서리라고는 상상도 해본 적 없었지만 그것은 이미 돌이킬 수 없는 현실임에랴. 생각하면 생각할수록 "가슴 벽/ 웅크려 앉아/ 무너져 내린 바람"처럼 미련과 억울함과 상처를 다스릴 뿐 달리 무슨 방법이 있으랴. 그나마 한갓 매달려 안식을 얻을 곳이 있으니 "꾸부정/ 휘어진 길섶/ 업고 걷는 십자가"가 아니었던가. 이익주는 오랜 기간, 그리고 독실한 신앙생활을 해왔음에 자신의 이 모습에서 평화를 확보하게 된다.

3

이익주의 이번 시집에서는 우선 몇 가지 의미 있는 자세를 읽을 수가 있다. 우선 제목에서부터 매우 고전적인 시작 태도를 견지하고 있다. 이를테면 '-연가',

'–애가'에서 보여주는 주관적, 자기 해소적 접근 자세가 두드러진다는 점이다.

또 다른 하나는 '고향'이나 '어린 시절'과 같은 자신의 기억, 혹은 지식의 체계 속에서 사물을 이해하려는 점이다. 이런 경향은 오랜 시작 활동을 거친 사람들의 일반적인 자세로 특이사항은 아니다. 다만 이 경우 젊은 이들이 갖는 참신하고 자유분방한 상상력을 대체할 경험적 가치와 철학을 독자들은 요구한다는 부담을 안게 된다. 또 한 가지는 물상의 탐구적 이해를 들 수 있겠는데' 여기에는 비교적 많은 상상력과 개인적 가치관, 사회적 역할이 함축된 사색의 흔적이 역력하다. 그리고 마지막으로 앞에서 이미 헤아려보았듯이 자아 확장을 향한 추체험적 시작 태도를 취하고 있다는 점이다.

여기서 비교적 많은 사색과 사회적 관계성을 아우르는 궁리와 탐구가 돋보이는 작품들을 살펴보자.

기다림의 깊이만큼
진한 결기 베어 묻고
외로운 시간만큼
수 억 겁을 굴러 와서
해금강
풍진 바다를
둘러치고 있었다

홍조 띤 몸매에도
순백의 피, 뜨겁다
푸근한 눈빛에다
넉넉한 저 어깨 품
금강산
초입서부터
성골의 숲, 우뚝하다

—「금강송金剛松을 읽다」 전문

이 작품은 금강산 입구에서 만난 우리나라의 대표적인 소나무인 금강송을 예찬하고 있다. 금강송은 금강산에서부터 경북 울진, 봉화에 걸쳐 자라는 훤칠하게 곧고 잘생긴 소나무에 붙여진 이름이다. 줄기가 곧바르며, 마디가 길고 껍질이 유별나게 붉은 이 소나무는 근세에 와서 금강산의 이름을 따서 학자들이 금강소나무金剛松라고 부르지만 원래는 춘양목春陽木이라고 더 널리 알려져 있다. 결이 곱고 단단하며 굽거나 트지 않을 뿐만 아니라 잘 썩지도 않아 예부터 소나무 중에서 최고로 쳤으며 왕실에서 주로 사용하였다.

이 작품의 종장들의 내용으로 보아 시인은 지금 해금강을 거쳐 금강산에 오르면서

"기다림의 깊이만큼/ 진한 결기 베어 물고" 서 있는

금강송을 만나고 있다. 이익주 시조의 전반적 면모가 그러하듯이 여기서도 어떤 격한 반응이나 감탄사도 허여하지 않고 마치 스케치를 하듯 담담히 옮겨놓고 있다. “외로운 시간”이니 “수 억 겁”이니 “풍진 바다”라는 표현에서 감정을 표출하고 있으나 그 또한 지극히 제한적이다.

그러나 이 같은 절제는 둘째 수에 이르러 보다 강한 임팩트를 불러오게 되는데‘ “홍조 띤 몸매에도/ 순백의 피, 뜨겁다”와 같은 대목이 그렇다. 여기에 이르면 한갓 소나무일 따름인 금강송이지만 기골이 장대한 왕후장상의 품격을 지니게 된다. 그럼에도 결코 경계나 위엄보다 “푸근한 눈빛에다/ 넉넉한 저 어깨 품”을 지녔으니 어찌 “우뚝”한 “성골의” 품격이 아니랴. 감정을 조절하면서도 금강송의 품격과 비교불가의 위의를 간명하게 표현한 비유가 돋보이는 작품이다.

명심보감 세월만 읊다
어둠 몇 평 길아웂고
등신불로 마주 앉아 까맣게 타는 속은
천지간
봐줄 이 없어
노을 따라 흐릅니다

기다림도 몸살로 눕고
정적마저 떠납니다
고요 속 멍든 바윈 하늘 높이 두 손 들고
꾸짖듯
거친 파도에
고해성사 내립니다
　–「채석강 바위 속은」 전문

이 작품 역시 기행시의 성격을 띠고 있다. 채석강은 전라북도 부안군에 소재한 변산반도 서쪽 격포항과 오른쪽 닭이봉 일대의 층암절벽과 바다를 총칭하는 이름이다. 기암괴석들과 수천 수만 권의 책을 차곡차곡 포개 놓은 듯한 퇴적암층 단애로, 당나라 시인 이태백이 술을 마시며 시를 읊었다는 중국의 채석강과 닮아 붙여진 이름이다. 이 아름답고 기기묘묘한 자연풍광 앞에서 누군들 시 한 편 쓰고 싶지 않으랴.

전반적으로는 감상평의 형식을 띠고 있으면서도 이 작품에는 두 가지의 전혀 다른 상징체가 등장한다. 첫 수의 '등신불'과 둘째 수의 '고해성사'가 그것이다. 등신불은 불교적인 상징이고 고해성사는 기독교적인 상징 술어이다. 기독교도인 시인으로서는 다소 의례적인 선택이 아닐 수 없다. 아마도 다소 충격적인 경관을 읽어내는 심경에 절대적인 존재감이 자리매김하지 않았을까 추정된다.

개별적인 이해도에 있어서도 "명심보감 세월만 읊다"가 "등신불로 마주 앉아" 자연의 질서가 주는 외경감 앞에서 그저 "노을 따라 흐릅니다"라는 독백조의 경어 또한 의도적인 포치로 보인다. 그러함에도 불구하고 둘째 수에서는 "기다림도 몸살로 늡고/ 정적마저 떠"나가고 "꾸짖듯/ 거친 파도에/ 고해성사 내립니다" 라고 결구를 맺는다. 여기서도 일반적인 관례와는 달리 고해성사 앞에 "꾸짖듯"이라는 차별적 해석을 붙임으로써 자연과 인간의 경계를 분명히 하고 있다. 자연의 근원적인 질서 앞에 선 인간의 자세를 말하고자 함이리라.

4

이익주 시조의 또 한 갈래인 잃어버린 시간에 대한 그리움과 반성적 성찰은 주로 고향에 대한 추억으로 나타난다. 물론 이러한 경향은 이익주에게만 특정할 필요도 없이 사람이라면 누구나 기억 속에 스스로 피정하고 안주하려는 습성이 있다. 그러나 우리네 삶에서 과거는 흘러간 물처럼 그 어떤 직접적인 작용이나 관계성을 행사하지 못하는 데도 말이다. 그런데도 불확실한 미래에 대한 궁리보다 지나간 시간의 인식을 잣대로 매사를 재단하려고 든다. 보다 덜 불안하다고

믿기 때문이다. 문제는 과거의 인식은 하나의 익숙해진 논리일 뿐 필연적인 처방이 될 수는 없다는 경계지점에서의 선택이다.

이번 시조집에서 그는 고향에 대한 각별한 의미를 부여하고 12편이나 되는 작품을 별도로 묶었다. 그 가운데 몇 편만 읽어보자.

대쪽 같은 삶이었다 툭 툭 터진 구비마다
곰삭은 생각은 유통기한 넘겨놓고
한 시대 풍미한 만월
가지 끝에 내걸었다

내 유년을 흔들어 놓은 무거운 하늘 한 장
정안수 손 모은 기도 바람결에 띄워놓고
창연한 고향 내음도
한데 묶어 걸었다

허리 잘린 시간에도 뿌리 속엔 움이 돋고
흥겨운 삼백년 눈부신 저 봄볕더미는
뒤풀이 흥겨운 가락
안고 선 노을이었다

—「고향, 그리움/ 회나무, 노을에 서다」 전문

이익주 시인의 고향은 경북 칠곡군 왜관이다. 그는 첫 시집『달빛 환상』'시인의 말'에서 "동강 난 허리 밑으로/ 육십 년을 한결같이 울먹이며 흘러내리고 있는/ 왜관 철교 밑 저 낙동강 물을 종종 멍하니 내려다보곤 하였다.// 피난민의 잿빛 가슴을 적시던 그 울음의 물줄기는/ 비가 오고 바람이 불면/ 지금도 내 가슴에서 작은 물결을 일으키며 철썩이고 있다.// 일찍 떠난 아버지 무덤가로/ 종가 대숲 서러운 바람이 조용히 머물면/ 어린 시설 내 꿈은 저 강물에 섞이어 흐르고 또 흘러갔다."라며 어린 시절의 고향을 회상한 바 있다.

6 · 25 동족상잔의 비극이 남긴 왜관철교와 억울한 영혼을 씻으며 도도하게 흐르던 낙동강, 아버지가 일찍 떠나버린 종가의 서러운 대숲 등 만만찮은 환경과 시간의 상처가 어린 가슴에 시심을 자라게 하였으리라.

'-회나무, 노을에 서다'라는 부제가 붙은 이 작품은 「고향, 그리움」 전편을 이끌고 있는 빌원지 역할을 맡고 있다. "대쪽 같은 삶이었다"로 시작되는 첫수에서부터 가문의 내력쯤은 충분히 짐작하고도 남을 정황이 드러나 있다. "내 유년을 흔들어 놓은 무거운 하늘"로 시작되는 둘째 수에서는 "정안수 손 모은 기도"가 중심이다. 아마도 일찍 떠난 아버지의 빈자리를 감내하는 어머니의 정안수 기억이야말로 쉽사리 걷어낼 수 없는 숙명이 아니었으랴. 하지만 그 같은 시련 또한 건강한 삶의 시험조건이 아니었던가. 셋째 수의 "허리 잘린 시간에도 뿌리 속엔 움이 돋고" 희망이라는 내일의 건강한 묘판장이 되었으니 어찌 감사한 일이 아니랴. 고향 집을 살펴주던 삼백 년 묵은 회나무의 어둠 앞 의연한 정경이야말로 이익주 시경의 에너지원으로 작용하였음을 보여준다.

밉다 또 그립다 진종일 해묵은 사랑
천년 그 정점을 바라 사오십년 묵혔다가
태우며 능선을 돌아 구비마다 쏟는 각혈

산새 소리 잎 잎마다 아프게 내려앉고
먼 하늘 내 어머니 그리움 붉은 울음
외롭게 뜬구름 위로 그렁그렁 쏟아낸다
–「고향, 그리움/ 어머니의 동백」 전문

이어지는 이 작품에서는 '동백'이 지닌 붉은, 그리고 강렬한 색상이 지닌 이미지에다 어머니에 대한 그리움의 무게를 실었다. 동백의 고장도 아닌 시인의 고향에서 왜 동백과 어머니가 동일시되었는지는 이 작품 행간에서 밝혀져 있지 않다. 다만 "밉다 또 그립다 진종일 해묵은 사랑"으로 시작되는 도입부의 갈등심리로 보아 질곡으로 점철된 어머니의 삶과 그것을 바라봐야만 했던 시인의 감성에 강렬하게 각인되었던 것만은 분명하다. 하지만 그 그립고 깊디깊은 연민의 대상이었던 "먼 하늘 내 어머니"는 지금 "외롭게 뜬구름 위로 그렁그렁" "붉은 울음"이 되어 "쏟아"질 따름 아닌가. 시들지도 못한 채 생목을 꺾어 '뚝' 떨어지는 동백의 이미지를 헌신적이던 어머니의 사랑으로 치환한 경우라 하겠다.

5

오랜 시간 관찰하고 숙고하는 시작 태도로 인해 그의 작품 소재는 비교적 다양하다. 하나의 가치 추종에 집중하는 보법과는 달리 그의 생각은 보다 폭넓고 다양한 가치에 의미를 부여하는 까닭이다. 그런 가운데서도 상대적으로 은유나 풍자성을 가미한 재미의 시 두 편에 주목하였다.

애당초 신의 가호는 사치스런 과욕인가
저토록 아린 함성 절묘하게 파고들어
심연의 분화구인양 감내 못할 도반이다

불덩이 매단 시간 툭 부러진 대서 즈음

급기야 백주 대낮 터져버린 너의 질주
멀쩡한 생니 뽑히듯 울고 있다 빈 하늘만
–「그 해 염천」 전문

문자는 그림이나 음악에서의 소리와 달리 적확한 의미 값을 지니고 있다. 그런 문자적 해석으로 읽는다면 이 작품의 독자는 다소간의 혼란을 피하기 어렵다. 왜냐하면 문자의 의미 중심으로 생각을 전개한 것이 아니기 때문이다.

제목으로 보면 '염천', 즉 '몹시 더운 날씨'가 주된 소재이겠는데 '그 해'라는 단서가 붙어있어 상식적인 상상력과 거리를 두고 있다. 예사로운 더위를 능가하는 "아린 함성"의 실체가 드러나지 않은 가운데 시적 화자와의 대치가 팽팽한 긴장감으로 다가온다. 대처 「그 해 염천」에 벌어진 "신의 가호"가 "사치스런 과욕"의 주체는 무엇이었을까.

이 물음은 둘째 수에 가서도 쉽사리 풀리지 않는다. "불덩이 매단 시간 툭 부러진 대서 즈음/ 급기야 백주 대낮 터져버린 너의 질주"에 이르면 폭염 속에 내리는 한 줄기 소나기의 조짐으로 읽혀지기도 한다. 그도 그럴 것이 종장의 "멀쩡한 생니 뽑히듯 울고 있다 빈 하늘만"이 보여주는 공간 이미지가 그 같은 비주얼을 연출해주고 있기 때문이다. 마치 짜증스러운 세상

사에서 뇌성벽력의 천둥번개와 함께 시원하게 쏟아지는 소나기를 기다리는 심정이거나 그 같은 사건의 이미지가 결합된 작품이다.

그런 반면 하나의 에피소드를 형상화한 '재미의 시'도 눈길을 끈다.

채소장사 배추, 무 싣고 과속으로 달리다
뒤따라온 교통경찰 단속에 걸렸겠다
요즘은
장사가 안 돼
오천 원만 받으소

철석같이 약속하고 만 원짜리 주었더니
모른 척 그냥 가네 뿔이 난 채소 장수
확성기
뒤따라가며
잔돈 주소, 잔돈 주소!

—「추억의 에피소드」 선문

이 작품에서는 우리네 전통문화 속에 다각도로 내장되어 있는 풍자와 해학을 만나는 느낌이 든다. 사색과 사유가 내장된 작품들 사이로 이러한 풍자를 만나게 되면 우선 만면에 미소부터 번져난다. 물론 확인할 수 없는 사실이라 할지라도 누구나 유추할 수 있고 카타르시스 하고 싶은 정正과 부否, 관官과 민民의 경계지점의 에피소드이기 때문이다. 그것이 사실이던지 허구의 재구성인지가 중요하지 않다. 다만 경계인으로서 양쪽 모두의 입장으로 재미를 느끼면 그만이기 때문이다.

내용 또한 무척이나 재미있는 전개 양상이다. 낡은 트럭으로 채소를 싣고 다니면서 장사를 하는 채소 장수와 과속을 단속하는 경찰관 간의 실랑이인데 실제에 있어서는 그렇지 못할지라도 이렇게 전개되었으면 싶은 군중심리가 깔려 있다. 의당 과속으로 달렸으니 단속을 피할 길이 없다. 그런데 단속 경찰관에게 "요즘은/ 장사가 안 돼/ 오천 원만 받으소"라고 능청을 부린다. 여기서 경찰관이 암묵적으로 동의했을지도 모르겠다. 그런데 일만 원권 지폐를 내밀자 의례적인 엄살이구나 싶었던 경찰관이 돈을 거슬러 주지 않고 그냥 떠나버린다. 화가 난 채소 장수가 확성기로 경찰관을 뒤따라가며 "잔돈 주소, 잔돈 주소!"하고 볼륨을 높이는 장면이다. 마치 봇물이 터지 듯 왠지 모르게 통쾌하고 재미가 있다. 여느 가설무대의 우스갯감으로 올릴만한 소재가 아니겠는가. 우리네 고전의 전편에 깔려 있는 해학이나 풍자라는 정체성을 교묘히 끄집어내어 재미를 더한 작품이다.

6

지금까지 이익주의 시조집 『금강송을 읽다』를 첫 번째 독자로서 일별해 보았다. 시집을 읽으면서 초입에서 꺼냈던 '죽은 시인의 사회'에서 '죽지 않은 시인의 사회'를 지향하고 추구하였을 이익주의 고뇌와 번민과 궁리들을 떠올려 보았다. 하지만 그는 영화의 주인공처럼 요란스럽게 아이들에게 접근하지 않았고 그렇다고 '죽은 시인의 사회'의 편에서 자기 보신주의에 안주하지도 않았다. 언제나 경계인으로서의 자세를 바꾸지 않았고 지나치게 부정하거나 긍정하지 않았다. 여러 시편들에서 느낄 수 있었던 부조리와 모순과 그리움마저도 관조하는 중도의 길을 택하였던 것이다.

이러한 시각과 자세는 그의 작품에 등장하는 어떤 다급한 상황일지라도 섣불리 속단하거나 과민한 대응을 유보하고 시간이 지닌 자정 능력에 맡긴다. 아픔이나 그리움 같은 분명한 동기로 착상되었음에도 불구하고 침소봉대하여 결론을 내리지 않았고 그에 따른 감정의 중심에서 행동의 방향을 정하지 않았다. 어쩌면 지나치게 소극적인 심성의 선택이 아닐까 비쳐질 수도 있지만 그는 오로지 심판자의 자리가 아니라 경계인의 자리매김에 만족한다. 아마도 이 시대의 미래를 책임져야 하는 교육자이자 신앙인이었기 때문이었으리라.

그의 이러한 시작 태도는 제목에서만 보더라도 '-가

락' '-연가' '-애가' '-노래' 등 일정한 간격을 둔 접근 자세를 견지하고 있다. 직접적으로 부딪치는 대신 뚜렷한 견지자적 접근을 취하기 때문이다. 그러기에 대부분의 작품에서 '물상과 나', '시간과 나'의 거리가 비교적 멀리 책정되어 있다. 매사에 조심스러운 보법이다. 그러니 자연스레 어떤 결론, 즉 자기진단에도 매우 조심스럽다. 어쩌면 '둘 다 옳고 둘 다 그러다'는 개시개비皆是皆非의 자세로 보이기도 한다. 이는 달리 말하면 철저히 자신의 판단 논리에 정연하다고 볼 수도 있고 다른 한편으로는 사물의 개별적 본질보다 자기중심적 기준, 즉 유심唯心의 반경 안에서 가치와 질서를 읽어낸다는 의미가 되기도 한다. 이 또한 그가 지닌 인품의 자연스러운 귀결이 아닐까 싶다.

유독 '그리움'과 '기다림'이라는 단어가 많은 시를 써온 시조시인 이익주, 그가 한 '시인의 말'처럼 "아름답고 소박한 말들의 품격을 위해" 진력해온 "한민족의 정형시를 경작하여 삶의 품격을 수확"한 결실 앞에 경의의 박수를 보낸다.